Échafaudage

textes et photographies
françoise khoury

Échafaudage

Collection « KB » dirigée par Stéphane Cohen

Relecture et corrections Jean-Luc Mengus

© 2010 Biro éditeur
www.biroediteur.com
ISBN : 978-2-35119-073-9
N° d'éditeur : 74

Dépôt légal : mars 2010
Imprimé dans l'Union européenne

1986 1987 1988 **1989** 1990 1991 1992 1993 1994 1995 **1996** **1997** 1998

françoise khoury
échafaudage

Il est si fragile mon enfant endormi là dans ce lit d'hôpital.
Nous ne sommes dans cette ville que depuis hier
où je ne suis venue qu'une fois. C'était il y a longtemps.
Mon petit n'était pas né. Un soleil froid de novembre
saisissait la ville orangée tout comme aujourd'hui.
Sa main minuscule dans la mienne
je le regarde respirer,
son petit cœur battre, si doucement.
Les gouttes clignotent le long du tube et coulent dans son bras
dans un temps ouaté qui s'étire.
Il entrouvre les yeux
et ses paupières sans force retombent aussitôt.
Je ne sais pas s'il reconnaît mon visage.
Je serre sa main.

Il me revient l'image de ma première venue ici. Ce petit cœur en fil de fer doré qu'un inconnu avait glissé dans ma main et tant insisté pour fermer ma paume sur cet objet. Je n'avais pas osé tourner ma tête vers lui. Je ne l'ai pas vu. Assise sur un tabouret, je fixais des yeux un dessinateur pour touristes qui faisait mon portrait sous les arcades des Uffizi. Il exigeait que je reste de marbre tant qu'il n'avait pas terminé. Sa tête recouverte d'une capuche de feutre anthracite lui mangeait le visage. Je distinguais à peine ses yeux, sévères cavités noires sous des sourcils plissés. Sa silhouette recroquevillée sous sa bure informe rendait son air sombre, me figeait. Avant chaque trait de dessin il faisait rouler entre ses doigts son fusain couleur flamme en esquissant un imperceptible sourire à la manière de ces figures des tableaux anciens représentées tenant une faux. Il semblait disparaître dans son vêtement, désincarné comme les courants d'air qui s'engouffraient sous les arcades. J'avais froid malgré mon épais manteau blanc. Je ne bronchais pas, à peine je respirais. Je n'ai pas vu son visage, juste senti sa main insistante serrer sur la mienne cet objet que je croyais à vendre. La séance de pose terminée, je l'avais cherché des yeux. Comme un fantôme il avait disparu. J'avais abandonné mon portrait sur le chevalet sans y jeter un coup d'œil et donné au dessinateur ses pièces de monnaie puis je m'étais laissée emporter par mes pas à travers les ruelles incertaines. Ce contact d'une main chaude n'était pas un mirage et la preuve en était cet objet enfermé dans mon poing. Longeant les berges de l'Arno j'apercevais par endroits le fleuve freiné par des mottes de vase faisant tourbillonner l'eau comme autour d'une scène. Ma déambulation délitait mes pensées. Je marchais jusqu'à la fin du jour. Ce petit cœur qu'on m'a donné, je l'ai perdu.

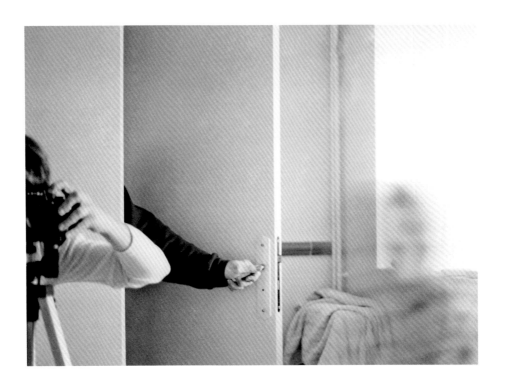

Mes talons martèlent le trottoir, mon pas est nonchalant. Rue Tiphaine c'est midi. Rue Lakanal il fait beau. Rue de l'Avre c'est chez moi. Je sors ma clé, ouvre la porte vitrée du hall. Un homme s'engouffre derrière moi. Il me sourit et j'y réponds. Je me poste devant l'ascenseur et j'attends. La porte coulissante s'ouvre, et lui, derrière moi, en un instant, plaque sa main sous ma jupe, puis me pousse dans le dos, puis je tombe dans l'ascenseur, puis il me bloque à califourchon sur mon ventre, puis il me roue de coups, puis je hurle, puis il s'en va, puis de ma bouche s'écoule un mince filet de sang.

Au loin la canonnade grondait dans la montagne. Bientôt les coups se rapprocheraient de la ville. Déjà on entendait, à proximité, quelques crépitements de mitraillettes. Je ne me pressais pas. J'avais garé ma voiture et longé le trottoir envahi de détritus. Au bout de la rue, l'immeuble et le crépuscule. Devant l'ascenseur j'avais patienté. En y entrant, un homme dont je n'avais pas senti la présence dans mon dos s'était engouffré à ma suite. Je baissais la tête, je ne le regardais pas, je pensais que dans cette ville aucun lieu ne rassurait, seul un moment : 10 heures du matin, l'heure où les combattants prenaient la pause. Il était collé contre une des parois et je fixais ses pieds. J'avais tendu mon bras vers la plaquette de commande et appuyé sur le bouton du quatrième étage. Au moment où l'obus avait éclaté, tout proche, une coupure de courant avait arrêté net l'ascenseur entre deux étages. Je n'avais pas eu le temps d'envisager une solution que déjà mon accompagnateur avait donné un coup de pied brutal dans la vitre de la porte qui avait volé en éclats, avait sauté sur le palier, m'avait attirée par le bras, mis ses mains sur ma taille et m'avait posée sur le sol avant de s'éclipser dans l'obscurité, vers l'étage inférieur, et sans un mot. Je m'étais dirigée en tâtonnant vers la rampe de l'escalier. J'écrasais des débris de verre. En montant vers l'étage supérieur les voix de voisins sortis sur le palier me parvenaient. Une femme réclamait une bougie.

Attirée par la photo de couverture j'achète le magazine. Elle représente une jeune femme que je trouve belle, ses cheveux noirs coupés court. Le portrait est légèrement flou et de profil, elle regarde ailleurs avec une étrange expression, affolée. Je découpe cette image glacée en noir et blanc. Un faux mouvement fait déraper mon geste et le tranchant des ciseaux supprime une pommette. Voilà l'image défigurée. Ces pommettes saillantes comme celles du professeur de poésie de mon enfance.

J'avais vingt ans et je regardais par la fenêtre. Une voiture avait ralenti et j'avais reconnu la professeure de poésie de mon enfance. Elle pleurait. C'était une voiture orange dont les roues arrière s'écrasaient sous le poids d'un coffre que je supposais rempli de valises. Plusieurs personnes l'accompagnaient, elle était assise à l'arrière sa tête posée contre la vitre et son regard triste fixant l'asphalte. La voiture, freinée par un embouteillage, était maintenant arrêtée, et je ne pouvais détacher mon regard de son visage. Je repensais aux cours de poésie, je les récitais avec plaisir. Je la trouvais belle avec ses longs cheveux châtains retenus en queue de cheval et son sourire à fossettes. J'avais hâte de grandir pour lui ressembler. Elle était douce et sa voix musicale à réciter des vers ne s'élevait jamais dans la classe. Mais elle avait, une fois, réagi avec une fureur inattendue à mon encontre. Moi habituellement si sage, petite fille lisse aux bras croisés sur le pupitre, j'avais dans un moment de calme pesant où la classe semblait somnoler, moi si prudente j'avais osé un bras d'honneur. Cela avait entraîné sa colère dont la démesure dévoilait à mon geste un sens obscène que je n'avais pas soupçonné. Soudain quelque chose d'harmonieux se cassait. Et là sous mes fenêtres des années après je la voyais effondrée, abattue, et j'en étais paralysée. La voiture orange était passée. Je pensais à l'article du journal du matin qui annonçait que le père de ses deux enfants avait été assassiné et mutilé.

En rangeant un placard un bout de papier tombe à mes pieds.
C'est mon écriture et ça dit
je n'oublierai jamais ni l'escargot ni la pyramide.
Mais j'ai oublié.
J'élabore des associations : escargot à manger,
escargot la lenteur, escargot la coquille,
escargot la bave,
un escargot rampe le long d'un pan de pyramide,
pyramide du Louvre ou pyramide égyptienne.
Mais j'ai oublié. Maintenant dans ma commode mentale
cette feuille de papier se tiendra dans le tiroir
que j'ouvre tous les jours.

Sami avait des sourcils très épais. Ébène et charbon à la fois tant ils étaient noirs. Et je l'aimais. Sourcil est un mot que je disais souvent à voix haute tant je le trouvais charnel. Je l'écrivais aussi sur de petits papiers que je laissais traîner dans divers endroits de la maison. Il n'en comprenait pas le sens. Mais il n'y en avait pas. J'écrivais, sourcil, arcade sourcilière. J'écrivais, arcade, terme d'architecture, arc solide qui soutient les pierres sous lequel on passe pour entrer. Les sourcils de Sami se rejoignaient à la naissance du nez, qu'il avait aquilin, et qui en fin de compte ressemblaient plus à un linteau qu'à une arcade. Je laissais glisser mon doigt du coin de l'œil à la tempe, si lentement, sur les poils doux et drus, chat et sanglier à la fois. Et quand mon doigt s'en allait dans le sens contraire du poil il s'agaçait de ce désordre. Mais c'était le seul moyen d'en faire tomber un sur la joue. Ainsi, ce poil collé sur la peau était le début d'un jeu, il fallait l'attraper. Et si le doigt s'avérait impuissant à s'en emparer, il était permis en dernier recours d'essayer avec le bout de la langue humidifiée de la juste quantité de salive. C'était le jeu de faire un vœu. Et mon vœu était toujours le même. Allons voguer sur le fleuve d'où émergent aux bordures des tiges de papyrus. Nous n'y sommes jamais allés. Ou alors j'ai oublié.

Sur un mur de Bordeaux, quelqu'un a peint en grandes lettres blanches : loup vouloir louve. Le mur arrête un terrain vague exigu et camoufle quelques habitations dont les toits délabrés dépassent. Je photographie l'inscription avant de poursuivre mon chemin dans ce quartier peu fréquenté. Je marche sur le gravier en tentant de ne pas le déplacer comme pour ne pas troubler quelque créature tapie qui me regarderait passer. Loup et son air accablé, j'ai dans ma solitude traquée l'envie d'en approcher un de près.

Il y avait ce voisin photographe quand j'étais petite. Il avait son studio sur le même palier que chez moi. J'allais parfois passer du temps à le regarder faire, installer un projecteur, placer un appareil photo sur un trépied, trier ses photos, les classer. L'odeur de fixateur emplissait la pièce. Des pellicules traînaient sur les tables hautes, des gants blancs de coton, des boîtes, une loupe, une paire de ciseaux. Un jour il m'avait demandé de poser pour lui. J'étais assise sur un haut tabouret, je portais un pull noir et mes longs cheveux étaient attachés par une boucle vers l'arrière de la tête. Il avait longuement étudié la pose que je devais prendre, sa main tenant mon menton et guidant ma tête dans différentes positions jusqu'à décider finalement de la situer de profil par rapport à l'objectif. Il avait détaché mes cheveux et lentement avec ses doigts écartés les avait coiffés, laissant retomber les mèches sur les bords de mon visage et sur mes épaules. Je sentais sa respiration haletant avec retenue. Il avalait sa salive à intervalles très fréquents et je voyais sa pomme d'Adam proéminente se soulever. Puis il m'avait demandé d'entrouvrir la bouche. C'était l'après-midi et les persiennes étaient fermées. D'un geste tremblant il avait braqué le projecteur à l'ampoule puissante vers moi. Tout était en place pour un portrait. Dans les toilettes à côté j'entendais le goutte à goutte d'un robinet qui fuyait. Puis le son claquant du déclic avait signé la fin de la mise en scène du photographe. Il s'appelait Lou.

Mon caban bleu marine de Bretagne, je le confie au vestiaire, je vais danser. Avant la fin de la nuit je le récupère, c'est un autre qu'on me rend qui n'est pas le mien, qui est moins usé, qui est moins joli. Je marche dans la neige que mes semelles font crisser, je rentre chez moi. Cet échange, je m'en suis aperçue trop tard. Trop tard, il est perdu. L'aube approche en même temps que mon mal de ventre. Il me faudra me coucher tout habillée, pliée sur mes bras qui coupent mon corps en deux. J'ai pris froid, je vomis. J'enfouis ma tête dans mon oreiller, je somnole. Une odeur de tissu épais rêche et bleu marine. Dans le silence un frappement au carreau et le cri d'une chauve-souris.

Il était marin. Chemise rayée et pantalon aux boutons dorés de part et d'autre de l'aine. Caban bleu marine et pompon rouge sur le chapeau. Il arrivait de Djibouti sur un bateau gris plein de boulons sur la coque. Son bateau accostait pour une courte escale. Il était beau, avant-bras musclés, peau foncée, lèvres charnues, de quoi attirer plusieurs de ceux qui transitent par un port. Agile, il enjambait ,avec ses chaussures noires au bout arrondi dont les semelles de crêpe adhéraient au sol, les monticules d'épais cordages enroulés qui jalonnaient le bastingage. Il buvait du rhum brun au bar de la Marine. Sa voix rauque avait à peine fini de muer. Je l'ai suivi sur le pont. J'ai gravi la passerelle où les lattes de bois parallèles empêchaient de glisser. Le clapotis de l'eau rendait son écho entre le quai et la coque. J'ai plongé ma main dans son pantalon et bu l'odeur de son caban ma figure collée dans son épaule. Si j'avais été un garçon j'aurais pu repartir avec lui. Je tanguais sur une mer d'huile. Je suis redescendue. J'ai marché sur le rebord de la digue. Un pêcheur m'a crié : inutile de te jeter à l'eau, tu ne nourrirais que deux sardines, alors à quoi bon. J'ai viré vers la rade. J'ai longé le rail. Puis j'ai enlevé mes chaussures et marché pieds nus sur le métal, m'amuser à ne pas perdre l'équilibre pour que les cailloux n'éraflent pas mes pieds

Je taille mon crayon jusqu'à ce qu'il disparaisse, la mine est brisée sur toute la longueur. Dans un tramway à Prague, sur mon calepin plus question de noter quoi que ce soit. Il est assis en face de moi, ce monsieur élégant d'environ soixante-dix ans qui soudain m'aborde en français, commence par me raconter que ceux de sa génération parlent cette langue, quant aux jeunes, plus du tout, puis il ajoute : une échelle, vite une échelle, savez-vous que ce sont les derniers mots d'un écrivain mourant, dites-moi, pourquoi avait-il besoin d'une échelle à ce moment-là, où croyait-il donc aller, avez-vous une idée. Sans attendre une réponse, comment l'aurais-je, il tourne sa tête vers l'extérieur, absorbé par le paysage urbain, et m'oublie.

Dans le train Montréal – Vancouver, des centaines de kilomètres parcourus, vingt-deux heures comme une fuite et ce n'était pas encore fini, je ne cessais de penser à un livre lu à l'âge où l'on cherche dans ses lectures des formules qui serviront de guide, de repère, de ligne de conduite à suivre pour la vie, la mienne c'était : il n'y a que ceux qui cèdent la place qui se déplacent. Là était mon urgence. Quelques phrases éparses puisées dans mes lectures en des temps différents me servaient de béquilles. Le train fendait des forêts, des prairies, ma vision s'adaptait à ce changement d'échelle, se dissolvait dans un espace sans limites, un espace en attente où rien n'arrête le regard, je laissais derrière moi les gratte-ciel. Aller ailleurs, être ailleurs, être nomade, toujours vers l'ouest, Saskatchewan. Les Mongols vers l'Anatolie, les Européens vers l'Amérique, les pionniers vers Yellow Stone, et après, qu'y a-t-il au-delà. M'éloigner pour éprouver mon appartenance. Avoir tant cherché un espace pour y installer mes mots, l'espace était là, les mots avaient disparu. Un bref arrêt ravitaillement dans un petit bourg de quelques maisons, minuscule point signalé par aucune carte, le ronflement de la locomotive en suspens, et mon regard avait buté sur un homme aux traits de Mongol, debout, sur un talus, une pancarte à ses côtés clouée sur un piquet indiquait Sioux Lockout.

Je suis de passage à Paris. J'habite Montréal.

Cyril veut devenir photographe.

Je l'accompagne voir une expo photo rue de la Roquette.

En sortant on remonte vers la place Voltaire.

Je cherche une entrée de métro.

On parle et parle, puis je regarde autour de moi.

Je n'ai jamais vu cette place.

Ce lieu de Paris m'est complètement inconnu.

Comment un carrefour de cette taille a pu m'échapper

alors que j'ai habité cette ville pendant quinze ans.

J'étais allée une première fois en vacances au Canada. À mon retour à Paris, Jules, un ami photographe, avait repéré dans ma soixantaine de photos l'une d'entre elles, et son commentaire, tu as l'œil, avait modifié ma perception de cette vue, que j'avais d'abord jugée insignifiante. Elle représentait dans une rue de Montréal un immeuble en briques rouges d'une douzaine d'étages accolé à une série de maisons basses de style victorien dont l'une recouverte d'un toit vert éclatant. Une vue urbaine. Un immeuble américain et des maisons européennes. Un motif d'habitat. J'avais retenu cette vue non parce qu'elle me touchait mais parce qu'elle avait été tirée du lot par un regard avisé. Des circonstances de hasard m'avaient amenée quelques années plus tard à Montréal pour la deuxième fois. Pour y habiter. J'avais loué un appartement dans une rue du centre et en m'y promenant peu de temps après mon installation j'avais reconnu la photo. J'habitais à quelques mètres de la vue. Je m'étais arrêtée, surprise. Soudain ce cadre prenait un sens. Inexistant au moment de la prise de vue il rentrait maintenant dans ma vie. J'essayai alors de me souvenir d'autres mots qu'avait pu ajouter Jules quelques années plus tôt, peut-être n'avait-il rien dit de plus. Cela n'avait pas d'importance. Ce qui comptait c'était la naissance d'un fil, d'un lien qui rendait une familiarité, même artificielle, quelque chose de chaleureux, ou de connu, quelque chose comme une inquiétante étrangeté qui n'inquiéterait pas. Lorsque, au terme de ce séjour de deux ans à Montréal, je décidai de retourner habiter Paris, je m'installai place Voltaire.

Je le trouve laid et bête.

Il m'attire et m'excite.

Il n'est pas amoureux, moi non plus.

Aucun centre d'intérêt ne nous rapproche, juste

une affinité épidermique.

Quand j'arrive chez lui, à peine a-t-il fermé la porte

qu'il me plaque contre le mur,

me déshabille indélicatement

et emprisonne mes poignets dans ses mains.

Je le vois rarement nu.

Il se contente d'ouvrir sa braguette.

Je me prends pour la belle alors je cherche la bête.

Et consens à prendre la posture de la proie.

J'avais rencontré Jane dans une cage d'escalier d'un immeuble mal entretenu de Beyrouth. Ses cheveux très courts et ses talons très hauts, elle criait. À dix-neuf ans elle débarquait de sa ville, Liverpool, et j'avais l'âge où l'on est supposée rêver du prince charmant. Elle était barmaid, venait tenter sa chance dans le quartier des cabarets et criait en anglais. Des avenirs probables que je projetais, s'y glissait mante religieuse synonyme de liberté. Jane engueulait son amant de l'avoir fait attendre des heures dans l'appartement, la sachant incapable de se débrouiller seule dans la ville, ne connaissant ni les rues ni la langue. Une ville où les plans n'existent pas, il faut y être né pour s'y repérer. Elle criait d'être prisonnière dans la seule langue qu'elle connaisse. Moi, plus jeune, je l'enviais puisque ses ongles vernis étaient si longs et qu'elle passait ses soirs à servir du whisky parmi tant d'hommes. J'avais gardé de mon enfance la frustration de ne pouvoir me tenir derrière le bar que tenait une tante qui servait tous les jours vers dix-sept heures du vin rouge aux ouvriers sortis de leur journée d'usine. Entourée d'hommes en bleu de chauffe accoudés au zinc, je me hissais sur la pointe des pieds pour la regarder verser prestement le liquide jusqu'à ras bord et relever la bouteille d'un coup sec de sorte qu'aucune goutte ne se perde, avec l'envie de passer un jour de l'autre côté du bar.

J'ai un gros ventre et une chatte. Sa queue entre mes jambes juste au déclic. Moi dénudée debout je tiens mon appareil photo. Un polaroïd pour un autoportrait. Les formes naissent sur le petit carré de papier lisse. D'abord troubles. La chatte s'est réfugiée dans les plis du drap. Je suis loin de tout ce qui m'est proche, gens et paysages, et j'aime ça. Dehors la neige recouvre la ville. Le chauffage au plus haut fait goutter la sueur sur mon bras. Puis je m'allonge. J'irais bien vers plus de silence encore, dans un igloo. La chatte se blottit contre mon flanc. Son corps ondule, s'enroule, se fraie une place. Son pelage me caresse. Nous respirons au même rythme. Je m'endors.

J'avais dix-huit ans et il faisait nuit. Les obus pleuvaient sur la ville. J'étais seule dans mon appartement du dernier étage dans ce quartier éloigné de tout ce qui m'était proche, je n'avais pas le téléphone. Allongée sur mon lit je tenais mon bébé dans mes bras. Il dormait, c'était l'été, et la nuit, l'électricité coupée, il faisait noir. Le quartier était la frontière qui jouxtait l'autre secteur de la ville. Lorsqu'ils ne rencontraient pas d'obstacle les obus éclataient dans l'air. Il éclataient au-dessus de mon toit. Les éclats retombaient en une étrange musique : cling, cling. Ils cognaient du métal, du béton, des vitres, là à deux mètres au-dessus de ma tête. Je n'avais pas peur. Les coups faisaient vibrer les vitres et mes tympans. Des souffles courts et étouffés. J'apercevais des éclairs rouges griffant un ciel couleur trouble. Je tenais serré mon bébé dans mes bras. Je restais immobile tout comme la nuit. La moiteur de l'été me collait à la peau. Des sirènes d'ambulances scandaient le temps. Quelque part un homme pleurait comme on miaule. Avec mon bébé contre moi j'étais invincible. La nuit n'avançait pas et je n'avais pas sommeil.

Alors que je m'apprête à entrer dans une salle de cinéma
pour visionner un film intitulé *Don't Look Now*
qui m'avait beaucoup marquée, longtemps auparavant,
presque choquée, je ne l'ai pas revu depuis, le film est rarement
projeté, c'est à ce moment, je vais franchir le seuil de la salle,
je suis déjà dans l'enceinte du bâtiment, c'est à ce moment
que je recule, une crainte irraisonnée me pousse à ressortir.
Sur l'affiche le titre a été traduit par *Ne vous retournez pas*,
préféré à « Ne regardez pas maintenant ».
Des bribes de l'histoire me sont restées, fragmentaires,
une vieille femme tueuse déguisée en petite fille portant
un trench-coat rouge avec capuchon se faufile
dans les ruelles sombres de Venise.
Et c'est tout.

J'ai failli habiter Venise, mon petit venait de naître. Nous cherchions un lieu où poser nos valises. Un appel téléphonique inattendu nous apprenait la mort d'une lointaine parente inconnue qui léguait à mon ami un appartement avec vue sur la lagune et les objets s'y trouvant. Soudain une vie probable se dessinait devant nous, un cadre dans lequel on voyait des chandeliers éclairer les dorures de miroirs vénitiens, un salon d'apparat dallé de marbre, des février à flâner le long des canaux portant mantille et chemisier à jabot. Peu à peu une crainte archaïque me révélait une autre perspective du tableau, des murs humides et froids, de l'eau partout, une ville peuplée de fantômes, une ville labyrinthique où les enfants se perdent, se noient peut-être. Je ne voulais plus aller à Venise. Ni croiser des inconnus masqués de satin noir. Pas maintenant. Il me fallait d'abord dessiller mes yeux, cerner une scène, repérer si elle se situait derrière moi ou devant moi. Dans mon passé ou autour. Décider puisqu'on ne se retourne pas en fermant les yeux, si on peut avancer les yeux fermés. Et voir.

Dans sa chambre aux volets clos, alitée, très malade, elle formule mal ses mots mais je parviens à comprendre que cette grande table d'un vert délavé rangée au pied de son lit a été commandée à un menuisier selon le dessin d'un tableau de Vermeer. Elle l'a voulu ainsi, emportant chez l'artisan la reproduction du tableau afin qu'il fabrique le même modèle. Elle m'indique l'un des deux tiroirs de la table dans lequel elle a classé la carte postale du tableau, me prévient que la poignée de laiton est branlante, manille dit-elle, c'est ainsi qu'on désigne poignée en italien. Tandis que je l'observe fermer les yeux, fatiguée d'avoir parlé, que je crains que bientôt elle ne soit plus, je pense que manille est un mot que je n'oublierai pas.

J'avais reçu une lettre d'une amie partie vivre dans une autre ville, un déménagement forcé comme un exil, dans laquelle elle me racontait avoir emporté la lithographie que je lui avait offerte en cadeau d'au revoir, et découvert avec apaisement que le hasard avait déterminé son emménagement dans un appartement situé en face d'un musée où était exposé le tableau de Vermeer représenté sur la lithographie. Elle me disait y voir un signe rassurant de lien possible avec cette ville étrangère parce que sur le dessin il y avait aussi une femme vue de dos regardant le tableau, ce pourrait être moi, cette femme, écrivait-elle. Elle disait aussi l'assurance que notre amitié s'était cimentée par le biais du tableau, pourtant cette lettre avait été la dernière, elle avait disparu de ma vie, et la vue du tableau de ma pensée. Lorsque vingt ans plus tard j'avais retrouvé dans un tiroir une photo oubliée de la litho-graphie, il y avait bien représenté une femme dans un musée vue de dos contemplant non pas un tableau mais deux. Cette photo document appelait une question à laquelle je ne pouvais avoir de réponse et son troublant ressassement : mais duquel des deux tableaux parlait-elle ? lequel était exposé dans ce musée ? Les mots de sa lettre avaient balayé la vue que pourtant j'avais achetée peu auparavant, et une autre image s'incrustait dans ma mémoire visuelle. En retrouvant la photo, cette image née des mots de la lettre s'évanouis-sait. Mes efforts pour m'en souvenir étaient vains, je ne parvenais plus à la retenir.

À dix heures du soir un cafetan noir tombe jusqu'à mes chevilles.
Un tchador noué au menton couvre mon front, enserre mes cheveux.
Je traverse le jardin sombre, au bout la maison illuminée
de Rambouillet. Je gravis les marches, au seuil de la grande salle
je reste interdite sur le pas de la baie vitrée. Tous les regards viennent
vers moi, saisis. Le mutisme soudain des convives semble avoir arrêté
même la musique. Je suppose qu'on admire mon costume.
Mais non, c'est autre chose. Autre chose. Je comprends alors
qu'ils ne voient pas mon déguisement. C'est pourtant là
qu'a lieu le bal masqué. Le moment s'étire. Puis l'on se reconnaît,
l'on se parle, les joueurs se reprennent à jouer.
D'avoir brouillé, même involontairement, le jeu me procure délectation
et contenance, et je m'avance vers le buffet installé sous l'imposte
qui sépare le petit salon du grand.
Un clown vient vers moi et m'invite à danser.

Je venais de lire un passage dans un livre dont les mots me transportaient. Ils correspondaient parfaitement à ceux que j'aurais voulu écrire pour cette rédaction qu'à l'école on me demandait. J'avais souligné au crayon rouge ce paragraphe. Le trait de couleur signait mon appropriation. D'étrangers, ils devenaient miens, rentraient dans ma sphère. Je les avais inclus dans ma copie. Puis, satisfaite, ayant hâte de faire partager cette réussite, je décidais de lire toute la page à voix haute devant la famille réunie et m'apprêtais pour une représentation théâtrale. J'installais un drap entre deux battants de porte, au même moment le muezzin appelait à la prière. Je faisais mon apparition de derrière le rideau et déclamais mes mots devant un parterre de quelques spectateurs. Au passage du passage quelqu'un avait relevé : es-tu sûre que c'est de toi. J'avais acquiescé avec fermeté. Bien sûr. Cela me semblait si naturel. Malgré les applaudissements indulgents mon effondrement fut à la mesure de ma surprise. Ainsi donc les mots n'étaient pas libres. On pouvait les voler. J'étais dévoilée.

Je cherche une image qui n'existe pas.
Quand je l'aurai trouvée
je la photographierai.

à Paris mon dernier autoportrait

La photogravure a été réalisée par Quat'coul, Paris.

Cet ouvrage a été achevé d'imprimer chez Ludwig Auer GmbH, Donauwörth (Allemagne).

Composé en Emigre [Zuzana Licko, 1985] et en Gill Sans [Eric Gill, 1930].